Eckart Pontow

Klassisches Gemüse und Wildgemüse
mit Rezepten

Rhino Westentaschen-Bibliothek
Band 10

Frans Snyders: Gemüse-Stillleben (ca. 1600)
Öl auf Leinwand

Eckart Pontow

KLASSISCHES GEMÜSE UND WILDGEMÜSE MIT REZEPTEN

Trotz gewissenhafter Bearbeitung kann eine Haftung für den Inhalt nicht übernommen werden. Für aktuelle Ergänzungen und Anregungen ist der Verlag jederzeit dankbar.

Die Abbildungen wurden den Büchern
Gilg, Ernst: Das Pflanzenreich. Hausschatz des Wissens, Verlag J. Neumann, Neudamm 1900 und *Köhler, Hermann: Medizinal-Pflanzen in naturgetreuen Abbildungen mit kurz erläuterndem Texte, Verlag von Franz Eugen Köhler, Gera-Untermhaus 1887* und *Thomé, Otto Wilhelm: Flora von Deutschland, Österreich und der Schweiz in Wort und Bild für Schule und Haus, Verlag Flora von Deutschland, Gera-Untermhaus 1885*
entnommen und für diese Ausgabe bearbeitet.
Foto: S. 93: Simon Garcia

Impressum

© 2013 RhinoVerlag Dr. Lutz Gebhardt & Söhne GmbH & Co. KG
Am Hang 27, 98693 Ilmenau
Tel.: 03677 / 46628-0, Fax: 03677 / 46628-80
www.RhinoVerlag.de

Alle Rechte vorbehalten.
Nachdruck, Vervielfältigung und Verbreitung – auch von Teilen – bedürfen der ausdrücklichen Genehmigung des Verlages. Das gilt insbesondere für Übersetzungen, Mikroverfilmungen und die Einspeicherungen und Verbreitung in elektronischen Systemen.

Layout, Satz: Ulrich Völkel
Schrift: Adobe Garamond
Titelgestaltung: ja.na Rogge, Weimar

1. Auflage 2013
ISBN: 978-3-95560-010-5

Inhaltsverzeichnis

Vorwort des Autors 6
Blumenkohl *(Brassica oleracea var. botrytis)* 8
Erbse *(Pisum sativum)* 12
Feuerbohne *(Phaseolus coccineus)* 16
Grünkohl *(Brassica oleracea var. saballica)* 20
Gurke *(Cucumis sativa)* 24
Kichererbse *(Pisum hirsutum)* 28
Linse *(Lens culinaris)* 32
Möhre *(Daucus carota Subsp. sativus)* 36
Paprika *(Capiscum annuum)* 40
Pastinake *(Pastinaca sativa)* 44
Porree *(Allium ampeloprasum)* 48
Rosenkohl *(Brassica oleracea var. Gemmifera)* 52
Sauerampfer *(Rumex acetosa)* 56
Schwarzwurzel *(Scorzonera hispanica)* 60
Sellerie *(Apium graveolens)* 64
Sommerportulak *(Portulaca oleracea)* 68
Spargel *(Asparagus officinalis)* 72
Spinat *(Spinacia oleracea)* 76
Tomate *(Solanum lycopersicum)* 80
Weißkohl *(Brassica oleracea convar.)* 84
Wirsing *(Brassica oleracea convar. capitata)* 88
Rezeptregister 92

Vorwort des Autors

Wenn es bei meiner Großmutter Fleisch – teures Fleisch, wie sie sagte – zum Mittag gab, musste es ein Sonntag sein. Mir fiel auf, dass sie als letzten Bissen immer ein kleines Stück Fleisch aufhob. „Damit ich den Geschmack noch lange habe", sagte sie genießerisch. In der Woche gab es kein Fleisch. Fleisch war teuer. Brecht sagte: *Das Fleisch schlägt auf in den Vorstädten* – und meinte die fortgesetzte Teuerung.

In der Woche gab es bei Oma Gemüse, meistens in einem schmackhaften Eintopf, manchmal mit einem Markknochen. Meine Oma war eine arme Frau. Sie lebte sehr gesund und ist fast 90 Jahre alt geworden.

Der Pro-Kopf-Fleischverbrauch lag im Jahr 2011 in Deutschland bei etwas über 89 kg, das Doppelte von dem, was man in Estland verzehrte und fast die Hälfte von dem, was man in Zypern aß. Da liegen wir eigentlich ganz gut im europäischen Vergleich, könnte man meinen. Aber trotz steigender Tendenz liegt die Menge des verzehrten Gemüses noch deutlich darunter, obwohl die Mehrheit der Europäer gesunde Ernährung mit Obst und Gemüse assoziiert, und viele glauben, dass sie sich gesund ernähren.

Man muss nicht gleich zum Vegetarier oder gar zum Veganer mutieren, wenn man das Verhältnis Fleisch-Gemüse zugunsten des Letzteren verbessert. Man wird auch dann satt und ernährt sich vernünftig, wenn man sich nicht an die Regel eines Spötters hält, der gesunde deutsche Mischkost so definierte: Schnitzel, Kotelett, Schnitzel, Kotelett, Schnitzel, Kotelett …

Ich liebe ein saftiges Steak, Gulasch ist meine Spezialität, Hühnchen im Römertopf bereitet meine Frau fabelhaft zu. Dennoch habe ich in den letzten Jahren (der Diabetes lässt grüßen) meine Ernährung umgestellt und entdeckt, wie schmackhaft Gemüse nicht nur als Beilage oder Rohkostsalat sein kann. Dabei hat mich meine Neugier in eine Welt geführt, in der es neben Kohl und Möhren noch unendlich viel zu entdecken gilt, zum Beispiel schmackhaftes Wildgemüse wie Giersch, Portulak oder Sauerampfer. Eine kleine Auswahl samt Rezepten möchte ich dem geneigten Leser in diesem Büchlein empfehlen.

Eckart Pontow

Blumenkohl *Brassica oleracea var. botrytis*

FAMILIE
Kreuzblütengewächse *(Brassicaceae)*

BESCHREIBUNG
Blumenkohl, auch Blütenkohl, Italienischer Kohl, Karfiol, Käsekohl, Minarett-Kohl oder Traubenkohl genannt, ist eine Zuchtsorte des Gemüsekohls *(Brassica oleracea)*. Er bildet einen aus Blütensprossen zusammenstehenden Kopf. Im Unterschied zu anderen Kohlsorten wächst der Blütenstand bereits im ersten Jahr. Wird der Blumenkohl nicht geerntet, „schießt" der gestauchte Spross, und es werden gelbe Blüten, dann Samen gebildet.
Der Romanesco *(Brassica oleracea convar. botrytis var. botrytis)* ist eine Variante des Blumenkohls, die in der Nähe von Rom gezüchtet wurde. Sein Gehalt an Vitamin C übertrifft den des Blumenkohls.

VERWENDETE TEILE
Kopf, frische Blätter

WICHTIGE INHALTSSTOFFE

Apfelsäure, Calcium, Eisen, Fluor, Folsäure, Kalium, Kupfer, Magnesium, Nikotin, Phosphor, Pantothensäure, Provitamin A, Senföl, Vitamin B6, C, G sowie Zink, Zellfasern, Zitronensäure

ERNTEZEIT

Mai bis November

VERWENDUNG

Blumenkohl hat eine positive Wirkung auf Herz, Magen, Darm und Nerven. Der hohe Wassergehalt ist gut für den Feuchtigkeitsgehalt des menschlichen Körpers.

Blumenkohl kann man kochen, dünsten, backen, braten und in Eintöpfen verarbeiten. Die grünen Blätter und der Strunk müssen vor der Zubereitung entfernt werden. Das gilt auch für die Lagerung im Kühlschrank.

Die Blätter von frischem Blumenkohl können als wohlschmeckendes, leicht verdauliches Gemüse gegessen werden.

ÜBERBACKENER BLUMENKOHL

Zutaten für 4 Portionen

1	Blumenkohl
400 g	Hackfleisch
1	Zwiebel
1 Prise	Salz und Pfeffer
1 Prise	Muskat
2	Eier
50 g	Butter
¼ l	Sahne
50 g	Käse, gerieben
	Fett für die Form

Zubereitung

Blumenkohl waschen, in Röschen zerteilen, in leicht gesalzenem Wasser bissfest kochen. Hackfleisch mit der kleingehackten Zwiebel, Salz, Pfeffer, Muskat, Ei vermischen. Blumenkohl in eine gefettete Auflaufform geben, mit Butterflocken belegen. Hackmasse darauf verteilen. Sahne, Ei, Käse vermischen, ebenfalls darüber geben. Im vorgeheizten Backofen bei ca. 200 °C etwa 25 Minuten backen.

Erbsen *Pisum sativum*

FAMILIE
Hülsenfrüchtler *(Fabaceae)*

BESCHREIBUNG
Die einjährige, krautige Pflanze bildet bis zu einem Meter tiefgehende Wurzeln aus, an deren Seitenwurzeln sich Wurzelknöllchen befinden. Die einen halben bis zwei Meter langen Stängel sind niederliegend oder kletternd. Die Blüten haben einen fünf bis zehn Millimeter langen Stiel. Sie führen Nektar und duften nach Honig. Blütezeit ist Mai und Juni. Die vier bis zehn Samen enthaltenen Hülsenfrüchte sind drei bis zwölf Zentimeter lang, bis zweieinhalb Zentimeter dick und sortenabhängig gelb oder bräunlich, einige auch schwarz. Erbsen bevorzugen beste Lehmböden mit ausreichend Humus und Kalk, ausgeglichener Wasserführung und guter Durchlüftung.

VERWENDETE TEILE
Hülsenfrüchte mit Samen, Erbsenstroh

Wichtige Inhaltsstoffe
Aminosäuren, Calcium, Eisen, Natrium, Kalium, Kupfer, Mangan, Magnesium, Phosphor, Vitamin A, C, Zink

Erntezeit
August, September

Verwendung
Früher wurden Erbsen als geschrotetes oder gemahlenes Viehfutter verwendet. Gehäckseltes Erbsenstroh wurde wegen seines hohen Nährstoffgehalts als Grünfutter für Wiederkäuer und als Gründünger gegeben. Auch für die menschliche Ernährung wurden nur Trockenerbsen, meist zu Mus verarbeitet, verwendet. Heute werden Erbsen in Mitteleuropa hauptsächlich grün zubereitet.

Da Erbsen nicht besonders lange haltbar sind und rasch an Geschmack verlieren, werden sie vor allem zu Konserven verarbeitet oder tiefgekühlt gelagert. Im Gegensatz zu früher werden sie als Gemüsebeilage verwendet, weniger als Hauptnahrungsmittel.

ERBSPÜREE VON GRÜNEN SCHÄLERBSEN

Zutaten für 4 Portionen

2	Zwiebeln
1	Knoblauchzehe
150 g	Kartoffeln
1 EL	neutrales Öl
1 Becher	Hühnerbrühe, geliert
350 g	grüne Schälerbsen
2 Stiele	Thymian oder Majoran
1 EL	Butter
5 EL	Schlagsahne
	Salz, Pfeffer, Muskat

Zubereitung

Zwiebeln und Knoblauch schälen, fein würfeln. Kartoffeln schälen, waschen, würfeln. Öl im Topf erhitzen, alles andünsten. ¾ l Wasser, Brühe und Erbsen zufügen, aufkochen, zugedeckt ca. 1,5 Stunden garen. Thymian waschen, trocknen, bis auf etwas zum Garnieren abzupfen. An die garen Erbsen Butter und die Sahne geben, mit einem Kartoffelstampfer oder Passierstab fein pürieren.

Feuerbohne *Phaseolus coccineus*

FAMILIE
Hülsenfrüchtler *(Fabaceae)*

BESCHREIBUNG
Die Stängel der rankenden, krautigen Pflanze können über 5 m lang werden. Die Wurzeln bilden bei mehrjährigen Pflanzen 2 bis 3 cm dicke Knollen. Feuerbohnen blühen von Juni bis September. Die Hülsenfrüchte werden bis zu 25 cm lang, die nierenförmigen Samen bis 2,5 cm. Letztere sind braun, rot, schwarz, violett gescheckt oder weiß.

VERWENDETE TEILE
Schoten, Bohnen

WICHTIGE INHALTSSTOFFE
Ballaststoffe, Folsäure, Eisen, Eiweiß, Niacin, Pantothensäure, Provitamin A, Tryptophan, Vitamin C

Achtung: Die <u>rohen Bohnen und Samen</u> sind reich an giftigen Eiweißen (Toxalbumine).

ERNTEZEIT

August, September

VERWENDUNG

Feuerbohnen haben dank ihres Gehalts an Niacin und Pantothensäure eine die Haut und Schleimhäute schützende Wirkung.

Die aus Südamerika stammenden Feuerbohnen sind ein sehr nahrhaftes, gut sättigendes Lebensmittel. Bohnengerichte bieten wegen ihres hohen Eiweißanteils einen guten Fleischersatz, was ihnen den wenig schmeichelhaften Namen Arme-Leute-Essen einbrachte. Inzwischen sind sie in zahlreichen Varianten zubereitet zu einer Delikatesse geworden. Die als einjährige Pflanze kultivierte Feuerbohne eignet sich gut als Sichtschutz auf dem Balkon. Sie bevorzugt einen sonnigen Standort, gibt sich aber auch mit einem Platz im lichten Halbschatten zufrieden. Sie wächst sehr schnell (Aussaat nach den Eisheiligen direkt in große Töpfe oder Kübel) bis in eine Höhe von zwei bis zweieinhalb Meter und benötigt Stangen oder feste Stricke als Klettergerüst.

LOBOV PASHET

Zutaten für 4 Portionen
200 g	getrocknete Feuerbohnen
100 g	gehackte Walnüsse
100 g	getrocknete Kornelkirschen
1	Zwiebel
1 Bund	Koriandergrün
1–2	Lorbeerblätter
	Salz und Pfeffer

Zubereitung

Feuerbohnen über Nacht einweichen, am nächsten Tag in reichlich Salzwasser mit den Lorbeerblättern völlig weich kochen, abgießen und fein zerstampfen. Das Kochwasser auffangen.

Die eingeweichten Kornelkirschen, die Zwiebel, die Walnüsse und den Koriander fein schneiden, mit der Bohnenpaste gut vermischen. Mit Salz und Pfeffer abschmecken und im Kühlschrank abkühlen lassen.

Zum Servieren kleine Klößchen formen und nebeneinander auf dem Teller anrichten.

Grünkohl *Brassica oleracea var. saballica*

FAMILIE

Kreuzblütengewächse *(Brassicaceae)*

BESCHREIBUNG

Grünkohl ist ein typisches Wintergemüse. Die schnellwüchsige Pflanze entwickelt im zweiten Jahr gelbe Blüten. Nach der Befruchtung entstehen Schoten mit vielen Samen. Grünkohl ist eine Zuchtform des Gemüsekohls *(Brassica oleracea)*. Alle Wildformen und Kulturformen sind miteinander kreuzbar.

Während sich der Grünkohl im Garten mit zahlreichen Pflanzen wie Tomaten, Stangenbohnen, Spinat, Sellerie oder Rhabarber gut verträgt, sollte die Nachbarschaft zu Zwiebeln, anderen Kohlsorten, Knoblauch oder Kartoffeln vermieden werden. Typische Anbaugebiete sind Mittel- und Westeuropa, Nordamerika und Ost- sowie Westafrika.

VERWENDETE TEILE

Blätter

WICHTIGE INHALTSSTOFFE
Ballaststoffe, Betacarotin, Calcium, Eisen, Eiweiß, Folsäure, Kalium, Magnesium, Vitamin A, B2, C und K

ERNTEZEIT
Nach dem ersten Frost

VERWENDUNG
Im Kohlgemüse sind besonders reichhaltig Glucosinolate vorhanden. Mit Ballaststoffen und weiteren Inhaltsstoffen können sie unter anderem einer Bildung von Magengeschwüren vorbeugen. Weiterhin kann der Verzehr von Pflanzen aus der Kohlfamilie dabei helfen, den Cholesterin- und Blutzuckerspiegel günstig zu beeinflussen und die Verdauung auf natürliche Weise zu regulieren. Alle Kohlsorten sind wichtig für die Ernährung, denn sie liefern reichlich Eiweiß und Kohlenhydrate sowie Folsäure. Grünkohl kann auch mit kürzerer Garzeit zubereitet werden. Blanchiert findet er Verwendung in Salaten, die mit Speck, Schinken und Zwiebeln angerichtet werden.

GRÜNKOHL MIT METTWÜRSTCHEN

Zutaten für 4 Portionen

2 kg	Grünkohl
175 g	Schmalz
1 kg	Pellkartoffeln
400 g	magerer Schweinebauch
400 g	Kassler
4 Stück	geräucherte Mettwürstchen
ca. 3 TL	Zucker
	Butterschmalz, zum Braten
	Salz

Zubereitung

Grünkohl waschen, abtropfen lassen, von den Stielen zupfen, klein schneiden. In Salzwasser blanchieren. Zwiebeln im Schmalz glasig dünsten. Grünkohl darin wenden, salzen. Mit 1 l Wasser übergießen, 1 bis 2 Stunden garen. Schweinebauch und Kassler 1 Stunde, Würstchen ½ Stunde auf dem Kohl garen. Kartoffeln schälen, kalt werden lassen. Butterschmalz in zwei Pfannen erhitzen. Kartoffeln goldbraun braten, salzen und mit Zucker karamellisieren.

Gurke *Cucumis sativa*

Familie
Kürbisgewächse *(Cucurbitaceae)*

Beschreibung
Die Gurke wächst in Gärten und auf Feldern. Wild kommt sie in Mitteleuropa nicht vor. Die niederliegende, kletternde einjährige Pflanze kann bis vier Meter lang werden. Einige Zuchtsorten wachsen gedrungener und kompakter. Die ganze Pflanze ist borstig-steif behaart. Die männlichen Blüten stehen zu mehreren in den Blattachseln, die weiblichen Blüten einzeln. Blütezeit ist im Juni bis August.
Die walzliche bis schmal-eiförmige Frucht ist eine Panzerbeere. Sie wird 10 bis 60 Zentimeter lang. Die drei Fruchtfächer sind zweiteilig und tragen viele kleine, weiße, flache Samen.
Die Heimat der Gurke liegt wahrscheinlich in Indien, wo sie um 1500 v. Chr. domestiziert wurde. Der römische Schriftsteller Plinius d. Ä. nennt sie das Lieblingsgemüse des Kaisers Tiberius.

VERWENDETE TEILE
Frucht, Blätter

WICHTIGE INHALTSSTOFFE
Calcium, Eisen, Kalium, Magnesium, Phosphor, Vitamin B1, B2, B3, B5, B6, B9, C, Zink

ERNTEZEIT
<u>Im Gewächshaus</u>: ganzjährig
<u>Im Freiland</u>: Wenn sich die Schale glatt anfühlt und gleichmäßig grün gefärbt ist

VERWENDUNG
Unterschieden wird zwischen Salatgurken, Schälgurken und Einlegegurken. Außerdem kann man Gurken in Freiland-, Frühbeet- und Gewächshausgurken einteilen. Wegen des hohen Wasseranteils sind Gurken besonders bei Diäten sehr beliebt.
Gurken können als Salat oder gedünstet als Gurkengemüse serviert werden.
In der Hautpflege spielen Gurken bzw. Gurkensaft eine große Rolle.

RUSSISCHE EINLEGEGURKEN

Zutaten

2 kg	frische Salatgurken, 8–10 cm lang
3	Dill (Stängel mit Samendolden)
10	Knoblauchzehen
1 Stück	Meerrettich, ca. 8 cm lang
½	Peperoni
5	Johannisbeerblätter
10	Kirschblätter
	Wasser, grobes Salz

Zubereitung

Gurken 3–4 Sunden wässern. Spitzen abschneiden, 2–3 Mal anstechen. Dill in ca. 10 cm lange Stücke schneiden, Knoblauch schälen, halbieren, Meerrettich schälen, in Scheiben schneiden. Eine Hälfte der Gewürze auf den Boden eines großen Glases legen, darauf die Gurken, dann wieder Gewürze.

Sud: 1 l Wasser, 1 Handvoll grobes Salz. Gurken mit Sud aufgießen, Glas mit Mull zudecken, stehen lassen. Bei Wärme werden die „Halbsalzgurken" in 2–3 Tagen fertig. Dann in den Kühlschrank stellen.

Kichererbse *Pisum hirsutum*

FAMILIE
Hülsenfrüchtler *(Fabaceae)*

BESCHREIBUNG
Die einjährige krautige Kichererbse erreicht eine Wuchshöhe von bis zu einem Meter. Die vierkantigen Stängel sind aufrecht bis liegend und verzweigt. Die purpurroten, violetten, lila oder weißen Blüten werden 10 bis 12 mm groß.
Die etwa 3 cm kurzen Hülsenfrüchte enthalten in der Regel zwei unregelmäßig geformte Samen von beiger, dunkler oder schwarzer Farbe.
Die Kichererbse wird für die menschliche Ernährung, aber auch als Viehfutter *(Cicer arietinum fo. vulgare)* angebaut.
Der Name kann mit „weißer Schimmel" übersetzt werden, das lateinische Wort *cicer* bedeutet Erbse.

VERWENDETE TEILE
Samen

Wichtige Inhaltsstoffe

Ballaststoffe, Eisen, Eiweiß, Folsäure, Kohlenhydrate, Lysin, Magnesium, Threonin, Vitamin B1 und B6, Zink

> *Rohe Kichererbsen enthalten den unverdaulichen Giftstoff Phasin und den Bitterstoff Saponin. Das Einweichwasser muss mehrmals weggeschüttet werden.*

Erntezeit

Juli bis September

Verwendung

Hauptanbaugebiete sind die Türkei, Nordafrika, Mexiko, Afghanistan, Indien, Pakistan und Spanien. Sie sind in vielen Ländern ein wichtiges Grundnahrungsmittel. Die getrockneten Samen werden mindestens 12 bis 24 Stunden kalt eingeweicht und dann als Eintopf, Brühe oder Püree zubereitet. Im Vorderen Orient und in Nordafrika werden Kichererbsen auch geröstet und wie Nüsse verzehrt.

KICHERERBSEN-LAUCH-SUPPE

Zutaten für 4 Portionen

500 g	Kichererbsen
3 Stangen	Lauch
1 l	Brühe
2 Zehen	Knoblauch, gehackt
1	Kartoffel
200 g	Parmesan, gerieben
	Olivenöl

Zubereitung

Kichererbsen über Nacht in Wasser einweichen. Wasser abgießen. Kichererbsen mit der Kartoffel 30–40 Minuten kochen. Lauch putzen, in feine Streifen schneiden. Öl in einen Topf geben, Knoblauchzehen kleinhacken, anbraten. Lauch zugeben und anbraten, bis er zusammenfällt. Die fertiggegarten Kichererbsen hinzugeben und ca. 850–1000 ml Brühe angießen. Das Ganze 15 Minuten kochen lassen. Etwa die Hälfte mit einem Mixstab mixen und wieder hinzugeben. Parmesankäse unterheben.

Linsen *Lens culinaris*

FAMILIE
Hülsenfrüchtler *(Fabaceae)*

BESCHREIBUNG
Die einjährige krautige Pflanze erreicht Wuchshöhen von 10 bis zu 50 cm. Der verzweigte Stängel ist flaumig behaart. Die traubigen Blütenstände enthalten bis zu drei weiße oder blaue Schmetterlingsblüten von 4,5 bis 6,5 mm Größe. Die Blütezeit reicht von April bis September. Die reifen, länglichen, gelben Hülsenfrüchte werden bis 15 mm lang, die runden, flachen bis 2 mm dicken Samen haben einen Durchmesser von 3–7 mm.

VERWENDETE TEILE
Samen

WICHTIGE INHALTSSTOFFE
Calcium, Eisen, Eiweiß, Kohlenhydrate, Kalium, Natrium, Magnesium, Vitamin A, B1, B2, B6

Erntezeit

Mai bis September

Verwendung

Die aus dem Mittelmeerraum stammende Linse ist eine alte Kulturpflanze, die schon im alten Ägypten eines der Grundnahrungsmittel war. Sie wird vor allem in Spanien, Russland, Chile, Argentinien, den USA, Kanada und Vorderasien angebaut, in Deutschland nur auf der Schwäbischen Alb und in Niederbayern. Linsen mit Spätzle und Saitenwürstle ist ein Nationalgericht der Schwaben.

Häufig werden Linsen zusammen mit Getreide ausgesät, das die nötige Rankhilfe darstellt. Die Erträge liegen abhängig von Witterung und Anbaubedingungen zwischen 200 und 1.000 kg pro Hektar.

Im Handel werden Tellerlinsen, Rote Linsen, Berglinsen, Beluga-Linsen, Puy-Linsen und Gelbe Linsen angeboten.

In Deutschland werden sie oft mit Suppengrün und Mettwurst zu einer Suppe verkocht.

SCHWÄBISCHE LINSEN MIT SAITEN

Zutaten für 4 Portionen

350 g	Linsen
1 kleine	Zwiebel
1 EL	Margarine
2 EL	Mehl
50 g	Tomatenmark
2 EL	Essig, Weinessig
4 Paar	Würste (Saiten)
4 Port.	Spätzle
etwas	Petersilie
	Salz und Pfeffer

Zubereitung

Linsen kochen. Mehl in der Margarine hellbraun anschwitzen, fein geschnittene Zwiebel mitschwitzen, Linsenbrühe und etwas Gemüsebrühe einrühren. Tomatenmark, Essig, Salz, Pfeffer unterrühren, aufkochen. Linsen zugeben, abschmecken. Etwas feingeschnittene Petersilie darüberstreuen. Saitenwürste in den Linsen erwärmen. Dazu gibt es Spätzle.

Möhren *Daucus carota Subsp. Sativus*

Familie
Doldenblütler *(Apiaceae)*

Beschreibung
Von den etwa 25 Möhrenarten sind in Mitteleuropa nur die Wilde Möhre *(Daucus carota subsp. carota)* und als Zuchtform die Karotte *(Daucus carota subsp. sativus),* auch Gartenmöhre oder Kulturmöhre genannt, beheimatet.
Die einjährige oder ausdauernde Krautpflanze hat häufig flaumige oder borstig behaarte, zwei- bis dreifach gefiederte Blätter. Die Blüten stehen in zusammengesetzten Dolden. Die Frucht ist eiförmig bis ellipsoid, zylindrisch oder zusammengedrückt. Möhren bilden eine meist rote Pfahlwurzel (Rübe) aus, die Reservestoffe sammelt. Die meisten Inhaltsstoffe befinden sich in der Rinde.

Verwendete Teile
Wurzel (Rübe)

Wichtige Inhaltsstoffe
Ätherische Öle, Apfelsäure, Bernsteinsäure, Carotin, Eisen, Kalium, Phosphor, Vitamin A, B1, B2, B6, C, E, Zitronensäure

Erntezeit
Juli bis September

Verwendung
Die unterschiedlich gefärbten Möhren gehen auf verschiedene Ursprungssippen zurück. Die weißen stammen aus dem Mittelmeergebiet, die gelben und rotvioletten aus Afghanistan. Die Kulturform ist durch Kreuzung aller drei Formen vermutlich in Kleinasien entstanden.

Möhren werden roh, gekocht und als Saft verzehrt. Eine besondere Bedeutung kommt ihnen für die Ernährung von Kleinkindern sowie in der Diätküche zu. Sie fördern die Blut- und Zahnbildung sowie die natürliche Widerstandskraft gegen Krankheiten. Wegen ihres hohen Carotingehalts wird der Karotte eine Verbesserung der Sehkraft zugesprochen.

SCHNELLER MÖHRENKUCHEN

Zutaten

200 g	Rohrzucker
200 ml	Öl (Sonnenblumen- oder Rapsöl)
1 Schuss	Zitronensaft
400 g	Mehl
100 g	Rosinen
1 Pck.	Backpulver
1 Pck.	Aroma (Orangenzucker)
400 g	Möhren, frisch geraspelt
2	Äpfel oder Birnen
	Fett für die Form

Zubereitung

Rohrzucker, Öl, Zitronensaft verrühren. Mehl mit den Rosinen vermischen, Backpulver und Orangenzucker unterrühren, danach frisch geraspelte Möhren untermischen. Masse in eine gefettete Form streichen, grobe saftige Apfel- oder Birnenspalten etwas in den Teig drücken. Im vorgeheizten Backofen bei 190 bis 200 °C ca. 40 bis 50 Minuten backen.

Paprika *Capiscum annuum*

FAMILIE
Nachtschattengewächse *(Solanaceae)*

BESCHREIBUNG
Die einjährigen Paprikapflanzen werden bis zu 150 cm hoch und wachsen als buschiger Halbstrauch. In Wurzelnähe verholzen die Pflanzen. Die Blätter sind nach vorn zugespitzt, zwischen 5 und 25 cm lang.
Die Blüten wachsen meistens einzeln aus den Verzweigungen des Stiels. Die Kronblätter sind in der Regel weiß, seltener mit violetten Linien oder komplett violett. Blüten und Früchte hängen meistens nach unten.
Zu *Capiscum annuum* gehören fast alle milden Gemüsepaprika oder Sorten wie Peperoni, auch die meisten der scharfen Chilis.

VERWENDETE TEILE
Frucht

Wichtige Inhaltsstoffe
Calcium, Capsaicin, Carotinoide, Flavonoide, Kalium, Kohlenhydrate, Magnesium, Protein, Tocopherol, Vitamin C

Erntezeit
Ganzjährig

Verwendung
Paprika wird weltweit in tropischen und gemäßigten Zonen angebaut. In Mitteleuropa wird die Paprika in mehreren Sätzen gepflanzt.
Als Gewürz werden die Früchte getrocknet und gemahlen. Paprikapulver wird in verschiedene Kategorien eingeteilt: Rosenpaprika, Halbsüß, Edelsüß, Delikatess, Extra.
Gemüsepaprika wird vielseitig verwendet, z. B. roh in Salaten, gefüllt, sauer eingelegt, gedünstet oder gebraten.
In der Volksmedizin wird Paprika als Heilmittel, unter anderem gegen Zahnschmerzen oder Arthrose eingesetzt.

ROTWEINGULASCH MIT PAPRIKA

Zutaten für 4 Portionen

500 g	Gulasch, vom Rind
500 g	Zwiebeln
700 g	Tomaten
3	Paprika (rot, gelb, grün)
3 Zehen	Knoblauch
200 ml	Rotwein, rot z. B. Rioja
200 ml	Gemüsebrühe
	Salz, Pfeffer
	Paprika, edelsüß

Zubereitung

Gulasch mit Salz, Pfeffer, Paprika würzen und scharf anbraten. Aus dem Topf nehmen. Tomaten, Paprika und Zwiebeln würfeln und im Bratensatz anbraten. Fleisch wieder dazugeben, mit Brühe und Rotwein ablöschen. Knoblauch schälen, zerdrücken und zum Gulasch geben. Das Ganze mindestens 2 Stunden köcheln lassen. Vor dem Servieren mit Pfeffer und Salz abschmecken.

Pastinake *Pastinaca sativa*

Familie
Doldenblütler *(Apiaceae)*

Beschreibung
Pastinaken, die mit 14 Arten in der Familie der Doldenblütler vertreten sind, sind vor allem in Europa und im westlichen Asien verbreitet. Die in Mitteleuropa vorkommende und wichtigste wirtschaftlich genutzte Art ist die Pastinake *(Pastinaca sativa)*.

Die zweijährige krautige Pflanze bildet im zweiten Jahr eine rübenförmig verdickte Hauptwurzel von weißlich-gelber Farbe als Speicherorgan aus. Die Pflanze erreicht Wuchshöhen von 30 bis 120 Zentimetern.

Bis in die Mitte des 18. Jahrhunderts waren Pastinaken in Deutschland und in Österreich wegen ihrer geringen Krankheitsanfälligkeit eines der wichtigsten Grundnahrungsmittel, sie wurden aber von Kartoffeln und Karotten weitgehend verdrängt.

VERWENDETE TEILE
Wurzel, Blätter

WICHTIGE INHALTSSTOFFE
Ätherisches Öl, Bergapten, Calcium, Calciumoxalat, Imperatorin, Kalium, Phosphor, Protein, Stärke, Vitamin C

ERNTEZEIT
Oktober bis zum ersten Frost

VERWENDUNG
Der Geschmack der Wurzeln ist süßlich-würzig bis herb. Er erinnert an Karotten und Sellerie. Sie lassen sich backen, kochen, zu Suppen und Pürees verarbeiten. Pürierter Pastinak hat einen sehr niedrigen Nitratgehalt und ist als Baby-Gemüsebrei besonders geeignet. Gerieben kann er wie Sellerie als Salat zubereitet werden. Pastinakenpüree, *Mashed parsnips,* gehört zu den Klassikern der englischen Küche.
Die Blätter des Pastinaks können als Würzkraut verwendet werden.

PASTINAKEN-KARTOFFEL-PÜREE

Zutaten für 4 Portionen

500 g	Pastinaken
500 g	Kartoffeln, mehlig kochende Sorte
	Gemüsebrühe
etwas	Salz
etwas	Pfeffer
	Muskat, frisch gerieben
	Petersilie
	Selleriegrün

Zubereitung

Pastinaken und Kartoffeln schälen und würfeln. In jeweils einem Topf bissfest in Gemüsebrühe kochen. Abgießen, die Flüssigkeit aufbewahren. Beides zerstampfen, mit Schneebesen rühren, nach und nach von der aufgefangenen Flüssigkeit zugeben, bis die gewünschte Konsistenz erreicht ist. Mit Salz, Pfeffer und Muskat würzen.

Bei Bedarf kann noch feingeschnittenes Petersilien- oder Selleriegrün untergerührt werden.

Porree *Allium ampeloprasum*

FAMILIE
Amaryllisgewächse *(Amaryllidaceae)*

BESCHREIBUNG
Porree, häufig auch Lauch genannt, ist eine zweijährige krautige Pflanze von 60 bis 80 cm Höhe. Er hat keine Zwiebel, doch die Naturform bildet eine Knolle. Die Laubblätter sind 1 bis 5 cm breit. Der Blütenstand hat eine vielblättrige, langgeschnäbelte Hülle. Die weißen bis hell purpurfarbenen Blütenhüllblätter werden bis 5 mm lang und bis 3 mm breit. Porree bildet eirunde Kapselfrüchte.

VERWENDETE TEILE
Wurzel, Blätter

WICHTIGE INHALTSSTOFFE
Allizin, Calcium, Eisen, Folsäure, Kalium, Magnesium, Mangan, Vitamin B6, C, K und Zink

ERNTEZEIT
Juni bis September

VERWENDUNG
Winterlauch wird vor allem als Gemüse, Sommerlauch auch als Küchengewürz genutzt. Er kann als Gemüse oder Salat kalt oder warm gegessen werden. Mit Karotten und Sellerie wird Lauch als Gewürz in Suppen als Suppengrün verwendet. Weitere Verwendung findet sich auch als Lauchtorte in kalter und heißer Ausführung.

Kaiser Nero hat das Gemüse wegen des enthaltenen Senföls bevorzugt, was ihm den Spottnamen „Porrophagus" (Lauchfresser) einbrachte.

Porree ist ein ausgezeichnetes Mittel gegen Pilze und Bakterien im Darm, er wirkt auch reinigend und antibiotisch, hilft gegen Blähungen und gegen Verstopfung.

Das Senföl Allizin, das über die Blase wieder ausgeschieden wird, hat eine positive antibakterielle Wirkung. Außerdem hat Porree eine förderliche Wirkung als Lipidsenker.

PORREE-KÄSE-SUPPE

Zutaten für 4 Portionen

1 kg	Hackfleisch
3 Stangen	Porree
2 große	Zwiebeln
2 Liter	Rinderbrühe oder Gemüsebrühe
150 g	Schmelzkäse mit Kräutern
150 g	Sahne-Schmelzkäse
2 Dosen	Champignons (kleine Dosen)
	Paprikapulver, Knoblauch
	Cayennepfeffer
	Salz, Pfeffer

Zubereitung

Porree in Ringe schneiden und Zwiebeln würfeln. Hack und Zwiebeln anbraten, würzen, anschließend mit 2 Liter Brühe ablöschen, Porree hinzugeben und 20 Minuten kochen lassen. Danach Pilze hinzugeben und die Suppe mit dem Käse abbinden. Mit Salz und Pfeffer abschmecken.

Man kann die Suppe einen Tag vorkochen und am nächsten Tag erst mit dem Käse abbinden.

Rosenkohl *Brassica oleracea var. gemmifera*

FAMILIE

Kreuzblütler *(Brassicaceae* oder *Cruciferae)*

BESCHREIBUNG

Rosenkohl ist eine zweijährige Gemüsepflanze, an deren 50 bis 70 cm hohem Stängel sich spiralförmig aufsteigend Blattröschen bilden. Diese Röschen haben eine grün-weiße Färbung und einen Durchmesser von 10 bis etwa 50 mm. Werden die Röschen nicht abgeerntet, treiben sie im nächsten Frühjahr Sprossen aus, die im Sommer Blüten tragen.

Früh reifende Sorten sind u. a.: Hossa, Predora und Wilhelmsburger; späte heißen: Boxer, Zitadell, Fortress, Harald, Ideal und Igor. Sortenabhängig wird Rosenkohl von April bis Mai ins Freiland dünn verteilt ausgesät. Pflanzt man zu früh, bilden sich keine festen Röschen aus.

VERWENDETE TEILE

Röschen

Wichtige Inhaltsstoffe

Ballaststoffe, Calcium, Eisen, Folsäure, Glucosinolate, Kalium, Magnesium, Vitamin A, B 2, C

Erntezeit

Sortenabhängig
ab Frühsommer bis November/Dezember

Verwendung

Dank der Ballaststoffe und weiterer Inhaltsstoffe kann Rosenkohl der Bildung von Magengeschwüren vorbeugen. Außerdem wird der Cholesterin- und Blutzuckerspiegel günstig beeinflusst.

Die Röschen werden von unten nach oben vom Strunk abgepflückt. Rosenkohl ist in vielen Gebieten winterhart. Fröste unter –10 °C schaden den Röschen allerdings sehr. Rosenkohl schmeckt als Salat und gekocht als Gemüse. Außerdem lässt er sich hervorragend einfrieren.

Erste Belege für den Anbau von Rosenkohl werden auf das Jahr 1587 in Belgien datiert. Daher kommt der ursprüngliche Name *Choux de Bruxelles*.

GEDÜNSTETER ROSENKOHL

Zutaten für 4 Portionen
1 kg	Rosenkohl
20 g	Butter
½ TL	Zucker
1 kleine	Zwiebel
	Salz
	Pfeffer
	Muskat
½ Tasse	Fleischbrühe
1 EL	Petersilie, gehackt

ZUBEREITUNG

Rosenkohl putzen, waschen, abtropfen lassen. Butter im Topf schmelzen, Zucker und Zwiebelwürfel dazugeben, Zwiebeln glasig anlaufen lassen. Rosenkohl dazugeben und unter häufigem Rühren 5 Minuten braten. Mit Salz, Pfeffer und Muskat würzen. Fleischbrühe angießen und den Rosenkohl darin bei milder Hitze noch 10 bis 12 Minuten dünsten. Mit der gehackten Petersilie bestreut servieren.

Sauerampfer *Rumex acetosa*

FAMILIE
Knöterichgewächse *(Polygonaceae)*

BESCHREIBUNG
Sauerampfer ist eine mehrjährige krautige Pflanze von 30 bis 100 cm Höhe. Er gedeiht besonders gut auf nährstoff- und stickstoffreichen und lehmigen Böden und blüht von Mai bis August. Die kleinen roten Blüten befinden sich an blattlosen Stängeln als Rispe ausgebildet. Seine tütenförmigen Blattscheiden sind durch Verwachsung der Nebenblätter entstanden und dienen als Knospenschutz.
Sauerampfer gilt als Zeigerpflanze für vornehmlich durch Gülle gedüngte Grünländer, wo er unerwünscht ist, weil sich in Silage oder Heu schlecht konservieren lässt und vom Vieh gemieden wird.

VERWENDETE TEILE
Blätter

WICHTIGE INHALTSSTOFFE
Eisen, Flavonglykoside, freie Oxalsäure, Gerbstoffe, Kaliumoxalat, Rumicin, Vitamin C

ERNTEZEIT
April bis November

VERWENDUNG
Die Ägypter, Griechen und Römer verwendeten Sauerampfer als Ausgleich für die zu reichliche Aufnahme von fetten Speisen bei ihren Festmahlen. Den Seefahrern des Mittelalters war er bereits als Mittel gegen Skorbut bekannt. In der Volksmedizin wird Sauerampfer zur Blutreinigung und Entschlackung (Frühjahrskuren) verwendet, sowie bei Hautleiden, Reizhusten und Erkrankungen der Mundschleimhaut. Sauerampfer sollte nicht von überdüngten Wiesen gesammelt werden.
Sauerampfer lässt sich wie Spinat zubereiten und mit diesem mischen, wodurch ein würziger Geschmack entsteht. Auch in Salaten oder Suppen wird er verwendet.

Sauerampfer ist eines der sieben Kräuter, die traditionell in der Frankfurter Grünen Soße Verwendung finden.

SAUERAMPFERSUPPE

Zutaten für 4 Portionen

500 g	Sauerampfer, frischer
20 g	Butter
3 EL	Mehl
1 Liter	Brühe
	Salz
n. B.	Milch, Buttermilch oder Sahne
n. B.	Maggi oder ähnliche Würze

Zubereitung

Sauerampfer waschen, klein schneiden, in heißer Butter anschwitzen. Das Mehl dazugeben, gut verrühren. Mit der Brühe ablöschen. Milch, Buttermilch oder Sahne nach Geschmack angießen. Zum Schluss mit Salz und Maggi abschmecken und heiß servieren.

Schwarzwurzel *Scorzonera hispanica*

FAMILIE
Korbblütler *(Asteraceae)*

BESCHREIBUNG
Schwarzwurzeln, auch Skorzenerwurzeln, Winterspargel oder Arme-Leute-Spargel genannt, sind in Eurasien verbreitet. Sie sind einjährige bis ausdauernde krautige Pflanzen von 5 bis mehr als 100 cm Höhe mit einer konisch spitz zulaufenden Pfahlwurzel von 30 bis 40 cm Länge und einem Durchmesser von 2 bis 3 cm. Die aufrechten Stängel sind meist verzweigt. Die Wurzelhaut erhält ihre Farbe durch eine fast schwarze Korkauflage, die die Verdunstung hemmt. Das fleischige Innere ist cremeweiß.
Bei Verletzung tritt ein klebriger, weißlicher Milchsaft aus, der an der Luft schnell oxidiert, sich braun verfärbt und hartnäckige Flecken hinterlässt.

VERWENDETE TEILE
Wurzel

Wichtige Inhaltsstoffe

Allantoin, Asparagin, Calcium, Eisen, Glycoside, Kalium, Magnesium, Phosphor, Provitamin A, Vitamin B1, B2, B3, C, E

Erntezeit

Oktober bis April

Verwendung

Schon im Altertum und bis ins Mittelalter wurde die Schwarzwurzel in ihrer Wildform zu medizinischen Zwecken benutzt. Unter anderem galt sie als Heilmittel gegen die Pest und gegen Schlangenbisse. Darauf bezieht sich die Bezeichnung *Scorzone* (ital. giftige schwarze Schlange).

Schwarzwurzeln müssen vor dem Verzehr gewaschen und geschält werden. Roh geschälte Schwarzwurzeln müssen sofort gekocht oder in Wasser mit etwas Zitronensaft eingelegt werden.

Auf die klassische Art werden Schwarzwurzeln gern wie Spargel mit einer Sauce hollandaise oder einer Béchamelsauce und Schinken genossen.

Gewaschen, geputzt und in Wasser mit etwas Zitronensaft oder Ascorbinsäure blanchiert, lassen sich Schwarzwurzeln auch sehr gut einfrieren.

KNUSPRIGE SCHWARZWURZELN

Zutaten für 6 Portionen
1 Glas	Schwarzwurzeln
3 EL	Senf
etwas	Wasser
	Paniermehl
	Mehl
	Pfeffer, Salz
	Öl

ZUBEREITUNG

Die Schwarzwurzeln abtropfen lassen. In der Zwischenzeit Senf mit etwas Wasser verrühren, so dass eine etwas dickere Soße entsteht. Mit Salz und Pfeffer würzen. Die Schwarzwurzeln zuerst in Mehl, dann im Senf und zum Schluss im Paniermehl wälzen. Das Ganze in heißem Öl oder Fett knusprig ausbraten.

Echter Sellerie *Apium graveolens*

FAMILIE
Doldenblütler *(Apiaceae)*

BESCHREIBUNG
Der Echte Sellerie *(Apium graveolens)* ist eine Gattung in der 30 Arten umfassenden Familie der Doldenblütler *(Apiaceae)*. Er findet als Nutz- und Heilpflanze Verwendung. Die ein- oder zweijährige, krautige Pflanze hat eine kahle, aufrechte, gezahnte und gerillte Sprossachse und verfügt über eine häufig verdickte Pfahlwurzel und dünne Nebenwurzeln. Die einfach gefiederten Laubblätter sind gestielt mit häutchenartigen Blattscheiden. Die kurz gestielten Blütenstände sind lose bis kompakte Dolden aus wenigen Einzelblüten. Die Gattung ist weltweit in den gemäßigten Breiten anzutreffen, vor allem aber auf der Nordhalbkugel.

Knollensellerie *(Apium graveolens var. rapaceum)* hat eine runde Sprossknolle von bis zu 20 Zentimetern Durchmesser, die halb unterirdisch wächst.

VERWENDETE TEILE
Wurzel, Kraut

WICHTIGE INHALTSSTOFFE
Ätherische Öle, Calcium, Eisen, Kalium, Magnesium, Terpene, Valcium, Vitamin B1, B2, B12, C, E

Achtung: Sellerie ist ein häufig Allergien auslösendes Lebensmittel.

ERNTEZEIT
Juli bis Oktober

VERWENDUNG
Sellerie kann den Blutdruck positiv beeinflussen. <u>Stangensellerie</u> wird gern als Rohkost genossen, ist aber auch als Gemüse, gekocht, geschmort, gedünstet oder mit Käse überbacken sehr beliebt. <u>Knollensellerie</u> wird mit Suppengrün zum Kochen kräftiger Suppen verwendet. Auch als Röst- oder Wurzelgemüse für Schmorgerichte ist er sehr delikat.

Die Blätter des Würzselleries eignen sich wegen ihres hohen Gehalts an ätherischen Ölen zum Würzen von Suppen und anderen Speisen.

PANIERTE SELLERIESCHEIBEN

Zutaten für 4 Portionen

800 g	Knollensellerie
1 Liter	Gemüsebrühe
2	Eier
200	Semmelbrösel
	Salz, Pfeffer
	Paprikapulver
	Sonnenblumenöl

ZUBEREITUNG

Sellerie schälen und in 1 bis 2 cm dicke Scheiben schneiden. In der Gemüsebrühe ca. 5 Minuten kochen. Abgießen, Brühe aufbewahren. Selleriescheiben auskühlen lassen, mit dem Gewürz sparsam bestreuen. Im aufgeschlagenen Ei, dann im Paniermehl wenden und in Sonnenblumenöl auf beiden Seiten goldgelb braten.

Sommerportulak *Portulaca oleracea*

FAMILIE
Portulakgewächse *(Portulacaceae)*

BESCHREIBUNG
Der Sommerportulak ist eine einjährige, krautige Pflanze mit einer Wuchshöhe bis 30 cm. Die sukkulente Pflanze verzweigt von der Basis mit liegenden und aufstrebenden Trieben. Die Blätter sind bis 3 cm lang, 1,5 cm breit und stumpf spatelförmig. Die Blütenstände tragen ein bis fünf (selten bis 30) Blüten. Die schwarzen, rundlichen Samen sind bis 1 mm groß. Sommerportulak ist in allen äußeren Merkmalen sehr variabel und kann an verschiedenen Standorten unterschiedliche Formen ausbilden.

Sommerportulak *(P. oleracea)* ist nicht verwandt mit Winterportulak *(Montia perfoliata)*.

VERWENDETE TEILE
Junge Blätter, Blütenknospen

WICHTIGE INHALTSSTOFFE

Alkaloide, Calcium, Cumarine, Eisen, Flavonoide, Glutaminsäure, Kalium, Magnesium, Mucilago, Omega-3-Fettsäuren, Oxalsäure, Saponine, Sterin Beta-Sitosterol, Vitamin A, B, C und E, Zink

ERNTEZEIT

März bis Oktober

VERWENDUNG

Schon im alten Ägypte war Portulak als Heilpflanze bekannt. Als Tee wurde er bei Blasen- und Nierenleiden verabreicht. Außerdem wirkt er blutreinigend und lindert Beschwerden bei Sodbrennen.

Die Blätter des Sommerportulaks können roh als Salat oder gedünstet als Gemüse verzehrt werden. Als Salat passen sie gut zu Salatgurken, Tomaten und Kopfsalat. Man kann sie in Streifen geschnitten als Brotbelag verwenden. Gegart sollten sie am besten wie Spinat blanchiert werden. Die Blütenknospen sind ein Kapernersatz. Frittiert eignen sie sich als schmackhafte Salatdekoration.

KRÄUTERSALAT MIT SOMMERPORTULAK

Zutaten für 4 Portionen

200 g	Chinesischen Spinat
160 g	Feldsalat
4 Zweige	Sommerportulak
6 Blätter	Hirschhornwegerich
8	Kirschtomaten
16 Ringe	gelber Gemüsepaprika
16 Ringe	Gemüsezwiebel
8 Blätter	Radicchio
1 Zweig	Bronzefenchel
4 TL	Schalotten
je 4 EL	Wildkräuter, Schnittlauch
	Sonnenblumenöl
	Balsamico, Kräutersalz, Pfeffer

Zubereitung

Feldsalat und Portulak auf Spinat verteilen. Mit Hirschhornwegerich, Kirschtomaten, Paprika, Radicchio, Gemüsezwiebel, Bronzefenchel garnieren. Darüber Kräutersalz, Öl, Balsamico, Pfeffer.

Spargel *Asparagus officinalis*

FAMILIE

Spargelgewächse *(Asparagaceae)*

BESCHREIBUNG

Die artenreiche Gattung *Asparagus* ist weit verbreitet. Einige Arten und Kulturformen werden als Zierpflanzen verwendet. Die wirtschaftlich wichtigste Art dieser Gattung ist der als Kulturpflanze bekannte Gemüsespargel. Er bildet kurze Rhizome als Überdauerungsorgane aus. Die aufrechten oder kletternden Stängel sind verzweigt. Jede Fruchtknotenkammer enthält einige Samenanlagen. Die kugeligen Beeren enthalten einige oder häufig nur einen Samen.

Der schnellwüchsige Spargel erreicht eine Höhe von 120 bis 150 cm. Er bildet ein flächiges Rhizom und über die Jahre bis zu sechs Meter tief reichende Wurzeln.

VERWENDETE TEILE

Frische Triebe

Wichtige Inhaltsstoffe

Asparaginsäure, Calcium, Cellulose, Eisen, Fett, Kalium, Kohlenhydrate, Natrium, Niacin, Magnesium, Phosphor, Proteine, Vitamin A, B1, B2, B6, C und E

Erntezeit

Mitte April bis 24. Juni (Johanni)

Verwendung

In China wurde Spargel vor über 5000 Jahren gegen Husten, Blasenprobleme und Geschwüre verordnet. Der griechische Arzt Hippokrates riet zu Spargel wegen der harntreibenden und abführenden Wirkung.

Spargel gilt als das „Königsgemüse". Er wird in Handarbeit einzeln geerntet. Zum Schutz vor Lichteinfall auf schon ausgetriebene Spargelspitzen werden die Spargeldämme mit einer dunklen Plastikfolie abgedeckt. Das Ende der Spargelsaison ist der 24. Juni, der Johannistag, um der Pflanze eine Regenerationszeit zu gönnen.

SPARGEL IM BRATSCHLAUCH

Zutaten für 4 Portionen

2 kg	Spargel, weiß
200 ml	Wasser
2 TL	Salz
etwas	Butter
2 EL	Zitronensaft
etwas	Zucker

Zubereitung

Einen ausreichend großen Teil eines Bratschlauchs (ca. 40 cm) an einem Ende mit dem Plastikband zubinden. Spargel schälen, die Enden abschneiden. Spargel mit Wasser, etwas Zitronensaft, Salz, Butter und Zucker in den Bratschlauch geben. Den Bratschlauch zubinden, oben quer einschneiden. Bei 180 °C Ober-/Unterhitze (vorgeheizt) für 25 Minuten in den Backofen schieben. Nach der Garzeit den Bratschlauch aus dem Ofen nehmen, vorsichtig aufschneiden, Spargel mit Salzkartoffeln, Sauce hollandaise und Schinken servieren.

Spinat *Spinacia oleracea*

FAMILIE
Fuchsschwanzgewächse *(Amaranthaceae)*

BESCHREIBUNG
Die Kulturform des Blattgemüses kommt wahrscheinlich aus Südwestasien. Eine Wildform von *Spinacia oleracea* ist nicht bekannt.
Die einjährige krautige Pflanze hat rötliche, selten weiße Wurzeln. Der aufrechte, gelblich- bis blassgrüne Stängel erreicht eine Wuchshöhe von 50 bis 100 cm.
Die Laubblätter sind anfangs rosettig, später wechselständig am Stängel angeordnet und werden bis 12 cm lang. Die oberen Blätter sind kleiner, kürzer gestielt.
Die lange tradierte Behauptung, Spinat sei besonders eisenhaltig, hat sich als falsch erwiesen.

VERWENDETE TEILE
Blätter, Samen

Wichtige Inhaltsstoffe

Ballaststoffe, Calcium, Carotinoide, Eisen, Eiweiß, Fett, Kalium, Kohlenhydrate, Kupfer, Magnesium, Natrium, Nicotinsäure, Oxalsäure, Phosphor, Vitamin B1, B2, B3, B6, C und E, Zink

Erntezeit

Spätherbst und Winter (Aussaat August)
Frühjahr (Aussaat September oder Mitte März)

Verwendung

Spinat wurde als Heilpflanze gegen Blähungen eingesetzt, die Samen galten als Abführmittel. Auch zur Behandlung von Nierensteinen und gegen Fieber, bei Entzündungen der Lunge und des Darms wurde Spinat verwendet. Die Samen wurden bei Atmungsproblemen, Leberentzündung und Gelbsucht eingesetzt.

Spinat ist eine geschätzte Nahrungspflanze. Junge Blätter können roh als Salatzutat verwendet werden. Häufiger werden die Blätter gekocht als Gemüse verzehrt.

LACHS-SPINAT-ROLLE

Zutaten für 4 Portionen

125 g	Spinat
4	Eier
50 g	Käse, gerieben
250 g	Lachs, geräuchert
200 g	Frischkäse mit Kräutern
	Salz, Pfeffer
	Parmesan

Zubereitung

Eier schaumig schlagen. Spinat, Salz, Pfeffer, Käse mit der Eimasse mischen. Backblech mit Backpapier auslegen, mit Parmesan bestreuen, die Masse darauf verteilen. 10 Minuten bei 200 °C backen, kalt werden lassen, umdrehen, so dass die Füllung auf die Käseseite kommt. Mit Kräuterfrischkäse bestreichen, darauf den Lachs verteilen, mit Zitronensaft beträufeln. Das Ganze festrollen, in Klarsichtfolie wickeln und mindestens 6 Stunden kühlen. Danach in beliebig dicke Scheiben schneiden.

Tomate *Solanum lycopersicum*

FAMILIE

Nachtschattengewächse *(Solanaceae)*

BESCHREIBUNG

Die krautigen, einjährigen bis ausdauernde Pflanzen wachsen zunächst aufrecht, später auch liegend oder kriechend. Die Äste können bis zu 4 m lang werden. Die Stängel sind grün, fein bis filzig behaart. Die Blütenstände werden bis zu 10 cm lang. Vor dem Aufblühen steht die Krone zur Hälfte aus dem Kelch hervor. Die meist kugelförmigen Früchte sind Beeren von 1,5 bis 2,5 cm im Durchmesser, bei kultivierten Pflanzen können sie auch bis zu 10 cm erreichen. Tomaten reifen zu einem kräftigen Rot, Gelb oder Dunkelorange. Sie enthalten eine Vielzahl von an der Spitze schmalen und an der Basis zugespitzten Samen.

Die Tomate ist eng mit der Kartoffel, dem Paprika und der Aubergine verwandt, aber auch mit der Tollkirsche, der Alraune, der Engelstrompete, der Petunie und dem Tabak.

Verwendete Teile
Früchte

Wichtige Inhaltsstoffe
Ballaststoffe, Calcium, Eisen, Kalium, Magnesium, Natrium, Niacin, Phosphor, Vitamin B1, B2, B3, C, Zink

Erntezeit
Sommer (sortenabhängig)

Verwendung
Das Ursprungsgebiet der Tomate ist Mittel- und Südamerika. Sie kam um 1500 durch Kolumbus nach Europa. Inzwischen gibt es über 2.500 Sorten. Unterschieden wird z. B. nach Fruchtform, Größe, Farbe und Farbverteilung, Wuchs- und Reifetyp, Verwendung und Ernteeignung. Tomaten werden vor allem roh verzehrt, aber auch in großen Mengen zu Tomatenmark, Tomatensaft, Tomatenschwamm und Tomatenketchup verarbeitet. Im Durchschnitt verzehrt jeder Deutsche rund 22 kg Tomaten pro Jahr.

TOMATEN-JELLY

Zutaten

1 kg	rote Tomaten
1 kg	grüne (unreife) Tomaten
1	Chilischote
1 Zehe	Knoblauch
125 ml	Balsamico
2 TL	Koriander, gemahlen
2 TL	gelbe Senfsamen, gemahlene
1 EL	schwarzer Pfeffer
1 TL	Kräutersalz mit Basilikum
1 kg	Gelierzucker, 2:1

Zubereitung

Rote Tomaten häuten, grüne waschen. Stängelansätze entfernen, grob würfeln, pürieren. Restliche Zutaten beifügen, alles verrühren, zum Kochen bringen. Nach Angabe des verwendeten Gelierzuckers sprudelnd kochen lassen, in Twist-off Gläser füllen, verschließen. Als Brotaufstrich oder zu Käse, Wild, kaltem Braten reichen.

Weißkohl
Brassica oleracea convar. capitata var. alba

FAMILIE
Kreuzblütler *(Brassicaceae)*

BESCHREIBUNG
Weißkohl hat größere Köpfe als Rotkohl. Die Blätter wachsen so dicht zusammen, dass sich ein fester Kopf bildet. Im Frühling keimt der Kohl mit kleinen Blättern, die im Laufe der Monate immer größer werden. Im Spätsommer und Herbst bildet sich der über ein Kilo schwere Kopf.
Am häufigsten angebaut werden die rundköpfigen Sorten. Im Norden kennt man platte Kopfarten, in Süddeutschland werden Spitzkraut und Filderkraut gezogen.
An der Blattoberfläche perlt das Wasser ab (sog. Lotuseffekt).

VERWENDETE TEILE
Blätter (Kopf)

WICHTIGE INHALTSSTOFFE
Eisen, Fett, Harz, Kalium, Kaliumnitrat, Kaliumsulfat, Magnesiumoxyd, Proteine, Spurenelemente, Schwefel, Vitamin A und C, Zink

ERNTEZEIT
September bis November

VERWENDUNG
Frischer Weißkohlsaft wird in der Volksheilkunde bei Magen- und Zwölffingerdarmgeschwüren eingesetzt. Bewährt hat sich Sauerkrautsaft bei Verdauungsbeschwerden. Äußerlich werden gequetschte Kohlblätter zur Heilung von Geschwüren, Wunden und bei Furunkulose aufgelegt.
Weißkohl enthält viele Ballaststoffe. Er ist reich an Vitaminen und dem Spurenelement Zink. Weißkohl aktiviert den Kohlenhydratstoffwechsel, belebt Nerven und Gehirn, regt die Blutbildung an und aktiviert die Zellatmung, ferner fördert der Weißkohl das Zellwachstum und wirkt kräftigend auf das gesamte Immunsystem.

Die Bezeichnung „Krauts" entstand in den Weltkriegen im Englischen und US-amerikanischen als Spottname für die angeblich viel Sauerkraut essenden Deutschen.

SAUERKRAUT MIT KASSLER

Zutaten für 4 Portionen
1 kg	Kassler (Nacken)
5	Zwiebeln
1 Prise	Zucker
2 Dosen	Sauerkraut
1 Dose	Ananas in Stücken
2 Becher	Sahne

Zubereitung

Das Fleisch in grobe Würfel schneiden, scharf anbraten, herausnehmen. Zwiebeln glasig dünsten, mit Zucker bestreuen und karamellisieren.
Fleisch, Sauerkraut und Sahne dazugeben sowie die abgetropften Ananasstücke. Etwa eine Stunde köcheln lassen.

Wirsing
Brassica oleracea convar. capitata var. sabauda

Familie

Kreuzblütler *(Brassicaceae)*

Beschreibung

Wirsing *(Brassica oleracea convar. capitata var. sabauda)* ist ein Kopfkohl und eine Kulturvarietät des Gemüsekohls mit kraus gewellten Blättern. Sie sind locker gefügt, gelb- bis dunkelgrün und entwickeln sich nach der Rosettenbildung zu einem runden bis spitzen Kopf. Diese Blattwellung entsteht durch schnelleres Wachstum des Gewebes, während die Blattadern im Wachstum zurückbleiben. Auf diese Weise entsteht die gegenüber Weiß- und Rotkohl deutlich lockererer Schichtung des Kopfes. Wirsing ist das ganze Jahr über als milderer Frühwirsing, später als Herbst- oder Dauerwirsing erhältlich.

Verwendete Teile

Blätter

WICHTIGE INHALTSSTOFFE

Carotine, Eisen, Eiweiß, Fette, Phosphor, Senfölglykoside, Vitamin B und C

ERNTEZEIT

Juni bis Februar (sortenabhängig)

VERWENDUNG

Abhängig vom Anbau werden die verschiedenen Wirsingsorten in Früh-, Sommer-, Herbst- und Winterwirsing unterschieden. Der späte Anbau dient zur Einlagerung im Winter. Wirsing ist weniger anspruchsvoll als andere Kopfkohltypen.
Wirsing ist in der Küche vielseitig verwendbar. Seine Blätter sind zarter als die der meisten anderen Kohlsorten. Die inneren, hellen Blätter sind schon nach kurzer Zeit gar und können als Gemüsebeilage verwendet werden. Andere Zubereitungen sind gefüllter Wirsing oder Eintöpfe. Die größeren Blätter eignen sich besonders gut für Kohlrouladen. Bekannt ist in der Schweiz auch das Eintopfgericht Pot-au-feu, das mit Siedfleisch serviert wird.

WIRSING-QUICHE

Zutaten

200 g	Mehl
5	Eier
150 g	Butter
1	Wirsing
200 g	Kassler
200 ml	Sahne
25 g	Käse, geriebener
	Salz, Pfeffer, Muskat

Zubereitung

Aus Mehl, 1 Ei, Salz und Butter einen Teig kneten, ausrollen, in gebutterte Quicheform geben. Mit der Gabel Löcher in den Teig stechen. Wirsing waschen, klein schneiden, in Salzwasser blanchieren, auskühlen lassen, auf dem Teig verteilen. Kassler in Würfel schneiden, kurz anbraten, über den Wirsing streuen. Sahne mit geriebenem Käse, 4 Eiern und Gewürzen verrühren und über die Quiche geben. Im vorgeheizten Backofen (unterste Schiene) bei 180 °C Ober-/Unterhitze ca. 45 Minuten backen.

Rezeptregister

Erbspüree von grünen Schälerbsen	15
Gedünsteter Rosenkohl	55
Grünkohl mit Mettwürstchen	23
Kichererbsen-Lauch-Suppe	31
Knusprige Schwarzwurzeln	63
Kräutersalat mit Sommerportulak	71
Lachs-Spinat-Rolle	79
Lobov pashet	19
Panierte Selleriescheiben	67
Pastinaken-Kartoffel-Püree	47
Porree-Käse-Suppe	51
Rotweingulasch mit Paprika	43
Russische Einlegegurken	27
Sauerampfersuppe	59
Sauerkraut mit Kassler	87
Schneller Möhrenkuchen ohne Ei	39
Schwäbische Linsen mit Saiten	35
Spargel im Bratschlauch	75
Tomaten-Jelly	83
Überbackener Blumenkohl	11
Wirsing-Quiche	91

...weitere Bände aus de

Band	Titel
001	**Klassische Weisheiten von Goethe & Schiller** ISBN 978-3-95560-001-3
002	**Klassische Küchenkräuter** ISBN 978-3-95560-002-0
003	**Klassische Heilkräuter** ISBN 978-3-95560-003-7
004	**Klassische Gewürze** ISBN 978-3-95560-004-4
005	**Homöopathische Haus- und Reiseapotheke** ISBN 978-3-95560-005-1
006	**Gesundheit aus der Tasse** ISBN 978-3-95560-006-8
007	**Das Monats- und Feiertagsbüchlein** ISBN 978-3-95560-007-5
008	**Großmutters Küchentipps** ISBN 978-3-95560-008-2

Mehr Bücher: **www.rhinoverlag.de**

Band Titel
- **009 Großmutters Haushaltstipps**
  ISBN 978-3-95560-009-9
- **010 Klassisches Gemüse und Wildgemüse**
  ISBN 978-3-95560-010-5
- **011 Klassisches Obst und Wildfrüchte**
  ISBN 978-3-95560-011-2
- **012 Mit Bauernregeln durch das Jahr**
  ISBN 978-3-95560-012-9
- **014 Kleines Thüringer Kloßbuch**
  ISBN 978-3-95560-014-3
- **015 Kleines Skatbuch**
  ISBN 978-3-95560-015-0
- **016 Luther: Weisheiten & Lebensstationen**
  ISBN 978-3-95560-016-7